AF234710

Christel Rücker
Etwas Liebes durch die Blumen sagen

Christel Rücker

Etwas Liebes durch die Blumen sagen

Verse und Malereien

Bibliografische Information der Deutschen Natio-
nalbibliothek:
Die Deutsche Nationalbibliothek verzeichnet diese
Publikation in der Deutschen Nationalbibliografie;
detaillierte bibliografische Daten sind im Internet
über http://dnb.dnb.de abrufbar.

Herstellung und Verlag:
BoD – Book on Demand, Norderstedt

ISBN 9 783756 819256

Vorwort

Diese Ausgabe von Versen und Malereien von Christel Rücker erfolgt zu ihrem 90. Geburtstag. Damit sei hier zuerst ein ganz herzlicher Glückwunsch verbunden!

Dieses Buch ist gleich ein doppelter Weise ein Geschenk: zum einen als Geschenk für sie.

Doch hat dieses Werk in der Absicht von Christel Rücker ihren Ursprung, eine solche kleine Sammlung zum Anlass ihres Geburtstags ihren Verwandten, Freund/innen und Bekannten zu schenken. Sie wollte, um hier im Bild zu bleiben, die Blumen zu ihrem Geburtstag gerne mit allen um sie herum teilen. Für diese Sammlung hatte sie eine Vorlage in fotokopierter Form geschaffen. Doch natürlich ließ sich diese Vorlage noch in schönerer Form umsetzen, was ich gerne in den Grenzen meiner Möglichkeiten übernahm.

Das von ihr bei Gelegenheit verfasste Gedicht, das dieser Ausgabe zugrunde liegt, ist tatsächlich ein gewisses Vermächtnis, in dem sie die von ihr als positiv erfahrene Haltung zum Leben in dem Bild der

Blumen in einem Jahreszyklus in der Welt als >Gottes Garten< zum Ausdruck bringt. Dazu passten ihre Aquarell-Malereien mit zumeist Blumen-Motiven bestens.

Christel Rücker versteht sich nicht eigentlich als Dichterin und Malerin. Ihr Verständnis von Kunst richtet sich vielmehr auf die Kunst aus, etwas Gutes in das Sozialleben einzubringen und „etwas Liebes durch die Blumen zu sagen." Dies finde ich in ihrem Gedicht schön formuliert, und sie hat, zusammen mit ihrer Schwester Henni (meiner Mutter), bei den nicht zu vielen Malereien doch ein beachtliches Niveau erreicht.

Liebe Tante Christel: mögen Dir in Deinem Herbst des Lebens noch gute Gesundheit und vor allem einige Ernte, einige Frucht und eine gute Saat für das Zukünftige beschieden sein!

Vielen Dank für alles!

Im November 2022
im Namen der Familie

Dein Patensohn
Christoph

Im Garten Gottes

In Gottes Garten blühen im Jahr
von Januar bis Dezember - das ist wahr -
in Farbenpracht, Größe und Lebenszeit
vieltausend Blumenkinder weltweit.

Sie halten uns - das ist ihr Sinn -
eine Botschaft seiner Schöpfung hin,
gefüllt mit Lobpreis, weil Gottes Wort hält,
was er versprach von den Blumen im Feld.
Er schafft's ohne Geld.

Im Frühling erwacht neu in jedem Jahr,
was der Wintervergänglichkeit preisgegeben
war.

Kleine, kraftvolle Schneeglöckchen strecken
neugierig ihre Köpfe aus den Winterdecken,
als wollten sie sagen: Ihr könnt es mir glauben,
wir sind so lebendig
wie die Schwestern mit den Hauben.*
Ein einziger Sonnenstrahl bringt uns ans Licht.
Vergesst das nicht!

* Dies meint die Hauben der Diakonissen, denen
Christel Rücker eine Zeit lang angehörte.

Das Gänseblümchen, klein und zart
ist von ganz besonderer Art.
Was einem Einzelnen gebricht
an Größe, Schönheit und Gewicht,
an Individualität, an Ansehn, Kraft und
   Majestät,
wird durch der Gemeinschaft unzählige Zahl
unübersehbar, ein für alle Mal.
Als Zeichen für >Liebe zum Nächsten<
   in der Welt
hat Gott sie erwählt.

Die kleine Blume Vergissmeinnicht
trägt den ganzen Himmel im Angesicht.
Sie will nicht protzen, glänzen und blenden,
sie will ihr Gesicht der Sonne zuwenden
und Wurzeln schlagen an Quellen und Bächen.
Will jemand was Liebes durch die Blume
   sprechen,
dann wählt er dies zarte Himmelgedicht:
Vergiss mein nicht!

Der Frühling lässt hoffen und macht uns bereit
an das Blühen zu glauben in der Winterzeit.
Wir nehmen seiner Botschaft Kraft
als Zeichen für unsere Geschwisterschaft.

Seine Vielfalt, seine Fülle, sein Blütengewand
hält Regen, Wind und Wolken stand.
Im Frühling hat der Schöpfer Hochkonjunktur.
Glaubet das nur!

Im Sommer beim Spaziergang durch Wiese
    und Feld
fragt so manche:
    Wer hat diese Pracht nur bestellt?
Kornblumen, Mohn, Margeriten und Klee
bedrängen einander, doch sie tun sich nicht
    weh.
Platz ist für alle zum Wachsen und Treiben;
selbst wenn sie wüssten, sie könnten nicht
    bleiben,
verströmten sie Freude und machten uns reich.
Tut ihr`s ihnen gleich!

Im Garten entsteht ein blühender Reigen:
Zartbunte Wicken am Zaun sich verzweigen.
Levkojen verbreiten betäubenden Duft,
der Rittersporn reckt sich hoch auf in die
　　Luft.
Cosmeen und Glockenblumen, die stillen,
woll´n Auge und Herz mit Freude füllen.
Keine Blume einer andren im Wege steht.
Glaubt mir, das geht!

Mit den Rosen am Haus ist über Nacht
vor unserer Tür ein Märchen erwacht.
Da öffnen sich kleine zarte Seelen,
die sich der Sonne anbefehlen,
die einfach blühen und nicht danach fragen,
ob Gewitter, Sturm oder Hagel sie plagen.
Sie strecken sich aus nach dem
   wärmenden Strahl.
Versucht's auch einmal!

Gott will, dass wir in dieser Welt
ihm trauen wie die Blumen im Feld,
dass er uns kleidet, schützt und nährt
und dass – wenn uns Arges widerfährt,
wenn Ängste und Zweifel uns quälen und
    plagen,
wenn schuldig wir werden und
    wenn wir verzagen,
wir dennoch bei ihm geborgen sind:
Wie beim Vater das Kind!

Der Herbst zieht ins Land und ins Leben ein,
bring die Frucht zur Reife. Ein guter Wein
braucht gute Weile und ganz viel Ruh`,
bis er klar und rein und genießbar dazu
geworden ist und die schäumende Kraft
sich verwandelt hat in den edlen Saft,
mit dem man den Feierabend krönt -
und die Gäste verwöhnt!

Mit leuchtender Fülle und mildwarmem Licht
beschenkt uns der Herbst, jedoch ruht er nicht,
bis er sein Herbstwerk vollendet hat.
Abgeben, loslassen muss er nun Blatt für Blatt.
An jedem Baum, jedem Strauch in Wald und
   Flur,
ohn' alles Blattwerk wird klar die Kontur,
die den Baum zeigt in seiner Wesensgestalt.
Lernt das vom Wald!

Gott
spricht:

Siehe,
ich will ein Neues
schaffen, jetzt
wächst es auf,
erkennt ihr's
denn nicht?
Jes. 43, 19a

Der Winter hält uns eine Botschaft offen,
die uns vertrauen lässt und hoffen:
Nicht alle Bäume verlieren ihr Kleid
im Warten auf die Frühlingszeit.
Die Tanne weist uns mit ihrem Grün
auf das unvergängliche Leben hin,
das Gott uns verheißt und schenken will!
Glaubt fest an das Ziel!

Christel Rücker

geb. 1932 in Wuppertal, lebt in Detmold

um 2012

1953: Kinderkranken-Pflege-Ausbildung in Detmold
1961 – 1964 Leitung Krankenpflege-Schule Nordhorn
1970/71 Weiterbildung an Hochschule Frankfurt/M, mit
      staatlichem Abschluss „Lehrtätigkeit und
      Leitung an Krankenpflege-Schulen"
1973 – 1992 Leitung der Krankenpflegeschule Detmold
seit 1992 in Pension in Detmold

Buchveröffentlichungen:

Christel Rücker (Text) & Gerda Pobrislo (Bilder): Als Lena
und Simon verreisten… Berlin 2013 (vergriffen)

Der 4. Februar - Roman   (Remscheid 2018)
→ s. nächste Seite:

Hg. Christoph W. Rosenthal

Christel Rücker
Der 4. Februar

Eine Kriegswitwe mit 6 Kindern erzählt vom
Krieg, der Nachkriegszeit und ihrer Geschichte

Roman
nach einer wahren Geschichte